Martha Arnold-Zinsler

Kloinere Bredla

Martha Arnold-Zinsler

Kloinere Bredla

Lustiges und Nachdenkliches auf Schwäbisch

Silberburg-Verlag

2 3 4 5 02 01 00 99

Umschlag: Uli Gleis, Tübingen.
Druck: Freiburger Graphische Betriebe, Freiburg i. Br..
Printed in Germany.

ISBN 3-87407-296-7

Inhalt

s Johr durch

Ald ond Jong

Kloinere Bredla: des ond sell

Wieder normal

Schee isch gwä, aber au a weng a Schlauch, ond guet isch, daß rom sen, dia viele Feschtdag an oim Stück, dia viele siaße Sacha, des solltet halt Schlankmacher sei ond net 's Gegedoil! Ond der Omtrieb mit de Bsuech ond mit'm Enkele.

»Oma, kannsch du Stillige Nacht?« »Oma, därf i ...?« »Oma, kriag i ...?«

Ma hot den Kerle miad macha wolla, daß'r am Obend a weng a Rueh gibt, ma isch mit'm en Wald ond bergauf ond bergab; nochher waret älle k.o., bloß dr Bue net. »Oma spielsch mit mir Kaschberle?«

Fort sen se, mit Sack ond Pack, mit Plüschaff ond de letschte Bredla. Jetzt kommt dr Baum naus, aufgräumt wird, ma butzt a baar Fettdabber weg von dr Kommod, dia sen no von bäbbige Kenderbatschhändla. D Stub ond s Leba wird wieder normal, ma frait sich auf sei Gregelts, auf Schwarzbrot ond Wochemarkt ond daß morgens zom Kaffee wieder a Zeidong gibt, wenn au meh Schlechts als Rechts dren stoht ...

Heedschich (Handschueh) verlora

D' Merza Klara isch net arm, aber bhäb. So viel hot dia friher nia zom Leba ghett, als was se jetz Rente kriagt. Ond weil se lebt ond rechnet, wia se's hot vor vierzg Johr do miaßa, bleibt 'ra jeden Monat ganz schee was ibrig. Dia dät nia ferdige Mauldascha kaufa, dia kämet jo dreimol so deier wia selbergmachte, ond d'Zeit, wo se drzue braucht, rechnet se net, se hot ja gnueg.

Se hot am erschta Freidag noch Neujohr en dr Stadt an graua Wollhandschueh verlora. Gmerkt hot se's em Omnibus beim Hoimfahra. Ond hot sich g'ärgert. Am gleicha Dag nomol en d'Stadt ond romfroga, ob ma'n vielleicht wo gfonda hot, en dr Sparkass, beim Becka, beim Metzger, en der Apothek – noi, des ka se net, se isch sowieso scho halba hee. Am Samsdag gohts au net, do dued se bacha, ond do hot ja d'Sparkass au zue. Also isch se am Mondag los wege dem Handschueh, omsonscht; se hot'n nemme kriagt. Obwohl se für da Notfall no ihre schwarze hätt, wo se zu Beerdigonga braucht, ond au no a Baar alde hot, wo am Dauma gflickt sen ond wo se a'duet, wenn se morgens bahna ond d'Hausstapfl nonderkehra mueß oder wenn se em Garta an Feldsalat aus'm Schnee rausgrubelt, hot se denkt, kaufsch halt en Gotts Nama a Baar neie. Aber se hot's no doch bleiba lossa. »Des isch ja verrickt,« hot se gsagt, »koschtet do a Baar gstrickte, net amol bsonders dicke, vierazwanzg Mark femfaneinzig! Für des Geld hosch friher lederne kriagt mit Lammfellfuedr! Noi, jetz wart i no da Schlußverkauf ab, ond wenns do koine billigere gibt, kauf i jetz koine meh, wo scho bald d'Preamala rauskommet ond i jo gar net woiß, ob i nägschta Winter iberhaupt no leb!«

Wemma zu'ra sagt: »Oinaweg, du könntsch drs doch laischta, sei doch net so bhäb!« secht se: »Eba! Wenn i net so bhäb wär, könnt i net kaufa, was i wött. Aber *weil* i bhäb ben, könnt i, wenn i wött!«

Narrafreiheit

Des isch des Scheene
an dr närrischa Zeit:
Se hot koin Reschpekt
au vor wichtige Leit.

Dia Narra, dia därfet,
was ma sonsch sich net traut,
dia därfet des saga,
frech, fröhlich ond laut,
wenns irgendwo muffelt
ond faul isch em Staat,
wenn oiner was bozget
em städtischa Rat,
dem reibet se's na,
no hosch dein Salat
ond ka'sch drgega
jurischtisch nix macha
als högschtens so do
als dädesch no lacha.

Ond des isch a Troscht
en dr närrischa Zeit:

– des gilt für normale
Bürger ond Leit –
du sündigsch viel leichter,
bisch net prominent,
es kommet an Pranger
bloß dia, wo ma kennt.

Oschtern dahoim

Oschtern dahoim isch nerv- ond benzinsparend, koschtengünschtig ond omweltfreindlich.

Drom sen se schee dahoim blieba iber d'Feierdäg, hen sich em Fernseha dia Audoschlanga a'guckt, ond es hot'n graust. Se hen ibern Bildschirm da Sega kriegt »urbi et orbi« ond en de Nochrichta nomol ond nomol, wia jedes Johr. Doppelt gnäht hebt besser. Se hen morgens zom Kaffee d'Oschterkerz a'zonda, ond an Hefezopf hots geba, ond von dr Küch her isch 's Feschdagsbrotagschmäckle komma.

Ond weil's em Garta z'nass ond o'gmiatlich gwesa isch, hen se d'Oschterneschtla für d'Enkl henterm Sofa ond onder dr Kommod versteckt. Dr Alois hot a weng gschempft: »Des Zeigs isch jo senddeier wora! Koschtet so a kloiner Schokladhas em Goldbabier fascht siebe Mark! Ond isch au no hohl!«

»A wa«, hot sei Frau gsagt, »was do naufdruckt isch, sex neinaneinzig, des isch net dr Preis. Des isch 's Verfallsdatom!«

Ond se hens wieder amol erfahra: Oschtern dahoim isch schee, wenn älles do isch, Kaffee, Kirschkuecha, zom Lesa was, zom Gucka was, zom Schwätza was. Ond en Dauerrega nausgucka durchs Wohnstubafenschter isch emmer no besser als durch d'Windschutzscheib.

Hondsdäg

Oh, schaffa miassa bei der Hitz! De'sch ja ärger wia Elfmeterschiaßa! Wohl dem, wo, wenn d Sonn ond s Thermometer steigt, sein Rollada ronderlassa ond Sommerschlof halta ka ond s' Nötigschte halt morgens ond obends erledigt: gnueg zom Trinka herschaffa ond ebbes Leichts zom Lesa ond ebbes Leckers zom Kocha. Arg Honger hot ma ja net, aber Fraid am guet Essa scho. Bei ons gibts heit Butterböhnla, oigene, ond Oberländer Brotwürscht. So hoißt ma se, wenn ma »Nackete« net saga will, weil ma sich scheniert.

Aber em ibriga däd i's am liabschta macha wia seller italienische Schueschtr em a schwäbischa Städtle. Deitsch schreiba hot'r net guet könna. Des hot aber seiner Beliebtheit net gschadet, weil 'r düchdig em Schuehflicka gwesa isch ond sonnig em Gmüet. Der hot bei Bedarf oifach a Schildle an sei Dür ghängt: »Eite susbert«, gmoint hot'r »heute zugesperrt«, auf deitsch: »Geschlossen!« Ordografisch mangelhaft, däd i saga, aber sonsch – zom Neidichwerda.

Sommerfraid

So a Sommer, Dag fir Dag!
Macht oin dia Hitz au elend faul,
es gibt au Grond zom Fraia,
ma mueß ja net ens Haia (Heuen).

Ma ka bis en d' Nacht nei
draußa hocka, zo'ma Schwätzle
bei Grillagezirp ond Weddrleuchta
ond ma Becher Himbeereis.
Ond wenn's ganz arg hoiß isch,
wia letschthin, ben i ibrhaupt
am liabschta dahoim,

wo vom Bett en da Garta
mit gar et viel a
i morgens om femfe
scho naussprenga ka.
Do gurret dia Däubla,
ond 's Gras glitzt vom Tau,
do hänget no Träubla
ond Stachala au.

Ond ben i zom Eimerle
hola no z'faul,
no brock i dia Beerla
halt oifach ens Maul!
Guck, sodde ond andre
vergniegliche Sacha,
dia ka'sch bloß dahoim
ond sonsch nirgendwo macha.

Sei Garta

Dr Alois isch au oiner von dene Schwoba, wo ihren Garta scheints bloß hen, daß se dren schaffet. Net weil 'r da schönschta von dr Stroß han will, noi, so ehrgeizig isch 'r net. Sei Garta isch stellaweis meh nadierlich, des hoißt, es därfet au ällerloi wilde Kräutla ond Sträuchla dren leba, halt »mit Maßen«.

Oinaweg, Arbet grad gnueg. Er schort, hackt, recht, sät, stupft, giaßt, häckelt, ropft, mäht, häufelt, stutzt, giaßt, mäht, stutzt, giaßt, mäht, stutzt ...

Er ka saga: Woisch, de'sch wia beim Kender aufzieha. Ka'sch net bloß waxa lossa, wia's will, manches jonge Pflänzle muesch am a Steckela a'benda, sonsch wirds kromm oder knickt ab, ond rechtzeitig stutza muesch, älle wilde Trieb weg! Sonsch wirsch z'letscht nemme Herr ond wäxt dr ibern Kopf.

Klapp-Liege

Dia Klapp-Liege, wo dr Alois vor zehn Johr zom Geburtsdag kriagt hot, isch no so guet wia nei.

Dia hot a scheena Polschterauflag, a Sonnabluema-Muschter, bloß, des sieht ma net, weil sei Frau zom Schona a verschnittena Ziach (Bettbezug) drieberzoga hot. Ond wenn'r 's je amol nausschloift in Garda, dued se no a Badehandtuech drauf, daß au dr Schoner gschont wird.

Aber er benitzts ganz selta.

So a Liege, dia hot ihre Tücken. Scho beim Ausananderklappa klappts oft net. Des isch nemlich net egal, mit welchem Doil ma do a'fangt, ond richtig ei'raschta mueß, sonsch wenn draufliega willsch, knickts Ondergstell ei oder hauts dr's Kopfdoil in d'Anka nei (ins Genick). Manchmol moint'r, jetz woiß'r, wias goht, aber bis zom näxschta Mol hot'rs wieder vergessa.

Aber wia gsagt, en Garda hocka ond nex do, des ka der net. Do hot der koi Rüehle, weil 'r emmer ebbes sieht zom rauszieha, zom abzwicka oder ebbes, wo Durscht hot.

Und oinaweg, secht'r, ob em Garta, en dr Polidig oder bei de Kender: Net bei ällem was ma ziat, woiß ma, was oim später bliat!

Heitzudag goht a Scheidong leichter ond schneller, als daß ma an Mieter los wird, wo ma nemme mag.

Was z'viel isch, isch z'viel – oder: Zwetschgaschwemme

Beim Alois hen se an Zwetschgabaum, der isch schier zammekracht, so viel hot der traga des Johr. Wega der Zwetschgaschwemme hen se jeden Dag von dem Sega brockt, gschüttelt, aufklaubt, se hen Gsälz, Kombott ond Mues gmacht, d' Gläser sen scho knapp worda, se hen ausgstoint, en Säckla packt ond ei'gfrora. Es hot laufend Zwetschgekuecha mit Mürb- oder Hefedoig geba, ond isch emmer no koi End en Sicht gwesa.

Wo Schuelkendr vorbeikomma sen, hot dr Alois gfrogt: Wöllet'r Zwetschga?

Noi.

Oiner hot gsagt: Mei Mama kauft emmer Nektarina, dia mag i liaber, woisch, so Pfirsich ohne Hoor!

So isch, was friher d'Kender von ander Leits Bäum däschaweis klaut hen – heit wöllet se's net amol gschenkt.

Schnell, schnell

Wo 's Sauerkirschbäumle heuer so viel traga hot, hen se gsagt, do mueß a automatischer Kirschentkerner her, mit dem Handzwickerle goht des nemme. Also hen se oin kauft. Ma mueß'n an a Tischkante na'schrauba, d' Kirscha oba neischmeißa ond dauernd auf an Federstößel drucka, klack-klack-klack. So om de zwanzg Mark hot des Deng koschtet ond schafft zehn Kilo en oiner Stond, a prima Sach. Bloß, nochher brauchsch nomol a Stond zom Saubermacha, weil's spritzt – zwoi, drei Meter weit an d' Kachla ond Schränkla en dr Küch, oder ans Gländer, wenn d' auf'm Balko schaffsch. Ond Schurz ond Blus därfsch au glei wäscha, weil's rot g'schbrenkelt werdet, wia wemma gschlachtet hätt. – Von solche »Nebenwirkungen« isch aber nex auf'm Beipackzettl g'standa.

Freile, zehn Kilo en dr Stond, des isch doch a Fortschritt, ond der hot halt sein Preis. Jetz isch bloß no dia Frog, ob se iberhaupt zehn Kilo von dem Bäumle kriaget. Aber spritza duet der Apparat au bei femf – automatisch.

Artenschutz

Nemlich Artenschutz mueß sei, weil sonsch d'Welt emmer ärmer wird an Kräutla ond Viecher. Dr Alois zom Beischbiel sammelt de ganze Wei'bergschnecka zamma, wo in sei'm Garta romlaufet, duets in a Guck ond schmeißts irgendwo draußa in d'Hecka. – Neilich hot'r Pech ghett; do hot'rs mitgnomma im Auto, wo'r zu'ra Beerdigong gfahra isch. Nochher, wo sich älles verloffa ghett hot, hot'rs in de Büsch am Parkplatz verschwinda lassa wölla, aber wia 'r da Kofferraum aufmacht, sieht'r: d'Guck isch aufganga, ond d'Schnecka sen im Kofferraum romkrocha.

»So was Bleds!« hot'r dahoim zu seiner Frau gsagt, »Hab i dia sex Schnecka wieder zammasuecha miaßa!« – »Sex bloß?« hot sei Frau gsagt. »Du, des waret mindeschtens elf!« Bue, der isch in sei Garasch nomgwetzt zom Schneckasammla, zom Glück sens no net weit komma gwesa, ond ma hot dr Schleimspur noch könna bis zom Erschte-Hilfe-Koffer.

Aber dr Alois hot sich vorgnomma: Zur näxschta Leich nemm i koine Schnecka meh mit.

Jed's Johr 's gleiche

Eh daß dr Sommer richtig rom isch ond d'Freibäder zuemachet, tauchet en de Läda scho de erschte Lebkuecha ond Schbekulazius auf. 's Zeidongsgeld goht nauf, schee regelmäßig om femf Prozent, ond jeden Dag zwischa zehne ond elfe ond nomol am Obend fueßelt vom Wald ronder a Oichhörnle, macht Männle, baßt auf, ob nex kommt, bevor 's über d'Stroß wetzt ond goht an onsre Haselnüß.

Normalerweis hemmer so viel, daß für oin Nußring langa däd. Aber des Räuberle, des hilft ons ernta, jeds Johr 's gleiche. Drbei isch a Fraid zom Zuegucka, wia 's en Büsch ond Bäum romturnt ond knabbert, was em schmeckt: Sama ond Kern, ond wia's de härteschte Schala knackt ohne Zang. Was net zwengt, trägts fort ond versteckIts. – No ja, mir könnet onsre Nüß em Lada kaufa, des ka des Oichhörnle net. Dem gönna mr's, dem Cleverle, wo au wia d' Leit jeds Johr woiß, wo wann was zom hola isch.

Träubleslob

Drei Träublesstöck hab i. Dia mueß i jetzt amol extra loba. Seit zwanzg Johr traget se, obs kalt war oder naß, se brauchet kaum Pfleg, se kriaget koin Meltau ond koine Läus, ond d'Beer werdet net wurmig ond net von de Amsla gholt. Vielleicht sen se dene z'sauer. Beim Brocka brauchsch de net bucka ond wirsch net verkratzt wia bei de Himbeer, Stachzgela ond Brombeer. Ka'sch Schelee oder Saft drvo macha oder gar Wei, ka'sch ei'gfriera oder Kuecha drmit bacha (Ehestandskuecha, secht dr Alois, weil 'r au so siaßsauer sei), oder oifach roh essa, mit Zuckr oder ohne. Se hen Vitamine ond feget mit ihre Kernla wia a Besa durchs Gedärm.

So was wia Johannesbeerbüsch sotts halt au bei de Leit geba: pflegeleicht, düchtig im Traga, läusfrei ond d'Früchtla rond ond gsond ond selta faul ...

Rhabarber im Aus

Im Herbscht hot ma'n radebutz rausgrissa aus'm Beet, lauder bockelharte, alde Wurzla, wo nex meh brocht hen wia spirrliga Stengela, ond hots auf da Komboschthaufa gschmissa. Dr Froscht wirds scho verreißa ond verrotta helfa, hot ma denkt. – Aber no im Mai treibts do neu ond schiabt raus – jong, knackig, frisch, zart. Es hot vier Schüssla Kombott geba, ond was für a guets, wia scho lang nemme!

Sieh guck, hab i denkt: Wia's dem Rhabarber goht, gohts oft em Leba, em Schbort ond en dr Bolidig: Do fliagt a Trainer hochkant aus'm Verei ond a Verei aus seiner Liga ond a Minischter aus'm Amt, weil d'Regierong d'Farb wexlt, aber wenn se auf'm richtiga Haufa landet, isch des no lang net 's Aus. Do könnet se sich bsenna ond aufrappla ond bass auf: iber kurz oder lang treibet se's neu!

Trüeber November

Wenns morgens net hell wird, daß ma gar et raus will aus de Fedra, wenns nebelt ond nieselt ond älles zuedeckt isch vom a graulechta Duech: Nochbers Haus ond Baum ond Zau', ond ma da Langert drieba bloß no verschwomma sieht oder gar nemme, wemma beim Essakocha no a Liacht braucht, wenns oin auf's Gmiat druckt, dia Feuchte, des nebelverhangene Dal, no mueß ma, statt a'fanga Trüebsal blosa, sich an Schuggr geba ond was do: Bredla backa oder an netta Briaf schreiba oder sich schee macha oder en Stiefel ond Anorak schlupfa ond ens Städtle sprenga, ond wenns bloß isch zom Bretzla hola oder a Hef. D' Oma sagt emmer: »Fort mueß i, i brauch mein Sauerstoff.« Aber es isch'r et wegem Sauerstoff, es isch, daß se onter d Leit kommt zom a Schwätzle ond wenns bloß a »Griaß Gott ond wia gohts?« isch.

Ond emmer brengt se was hoim, irgend was Neu's, oder au bloß »an scheena Grueß vom ... ja wia hoißt'r denn glei?« ond an Schuß Frischluft oder an Lacher, wo dia Novembertrüebe aufhellt. Fortganga hilft. Friher, wo no oft arme Leit em Dorf rombettelt hen, hot amol so a plogts Weib, d' Muedr vom a Stall voll hongrige Kendr, gsagt: »Wißtse, Frau Oberförschter, es isch no koi Bettler ärmer hoimkomma als wia wo er furt isch.«

Wünsche

Was hosch du für Wünsche, Oma? hen se gfrogt. A wa, se häb koine. Ond brenget mr bloß net so viel Siaß, hot se gsagt, wo dick macht ond stopft, ond net so viel Wei, au koin weißa, von dem kriagsch mit dr Zeit au a rota Nas, ond brenget mr bloß koi Chrischtbäumle, wo nodelt ond wo ma nochher zom Sammelplatz schloifa mueß, ond joo koi Blaschdigbäumle, Blaschdig mag i gar net. I brauch iberhaupt koin Chrischtbaum; wenn i oin seha will, guck i zom Fenschtr naus, en Nochbers Vorgarta glitzert oiner mit Honderte von Lichtla. Noi, i brauch nex, was ma kaufa könnt, mir langts, was i hab. – Oder doch net ganz? – Ihr alder Geldbeitl duets nemme. Heit soddesch doch, secht se, ob's willsch oder net, so a Deng han, mit verschiedene Fächer, bassend für Geldschei, Münza ond vor allem für dia Kärtla; wirsch doch emmer meh verkardld heitzudag: Bahn-Card, Euroscheck-Kart, wo nex nutzt, wenn dei Geheimnommer net em Hirnspeicher hosch, Mitgliedskärtle vom Rota Kreiz ond vom Albverei, Krankaversicherongskart, Telefonkart ond Rentner-Ausweis, obwohl den nia oiner seha will, weil ma dr dei Alder au ohne Babierle glaubt, leider. Also isch klar, was ma dr Oma schenkt: a Kombibörse, wenn se au moint, es dät sich doch schiergar nemme lohna.

Hupfa vor Fraid

Wia vor'm Fescht d' Kender wieder amol arg ibermüetig gwesa sen ond omtrieba hen, hot d Mama gsagt: »Jetz miaßet'r aber scho brav sei ond folga ond d Mama net aufrega, sonsch brengt 's Chrischtkindle nix zur Bescherong! Es dauert ja gar nemmer lang, no zwoimol schlofa!« – »Ibermorga, ibermorga, gell!« hot dr Heinerle gsonga ond isch im Ring romghupft vor Fraid. Auf oimol isch 'r standablieba ond hot ganz verschrocka gfrogt: »Derf ma hupfa?« – »Freile«, hot d Mama gsagt.

Hupfa vor Fraid. Wenn d' Kinder des nemme könntet ond dürftet! Ond wenn mir Große dene, wo net gnueg Grond hen zom Hupfa, wenn mir dene a Fraid machet, kommts wieder zrick.

Doch, doch, ond wenn dia Welt stellaweis noo so liadrig isch: Fraid macha ond vor Fraid hupfa – äußerlich oder innerlich –, des därf net aufhöra, au wenn Weihnachta rom isch.

'tschuldigong!

Weil dr Fernseher neuerdings manchmol nemme recht duet ond weil ebber gsagt hot, der sei halt mit seine über acht Johr a'fanga z'alt, hen se gsagt, se kaufet sich auf Weihnachta an neua. Ond hen sich omguckt ond Prospekt studiert.

Oi Drittel von de Beschreibunga sen englische Brocka, halt High-tech, oi Drittel sen Abkürzunga, lauter CTI, VPS, AV, dr Rescht isch deutsch, brengt aber nex, wenns Technische net kabiersch. Z'letscht hen se oin kauft, wo zu de Möbel baßt. Jetz wemma's frogt, wisset se bloß, daß 's Bild besser isch als beim alda, aber 's Programm neta, ond daß a Schüssel aufm Dach au net meh Qualidäd brengt, bloß Quandidäd. Aber dia braucht ma, wemmer jetz go europäisch werdet.

A propo europäisch – ma ka sichs no net recht vorstella, wia des ganga soll: oi Gsetz, oi Bolidig, oi Geld für älle. Bloß ebbes könnet se zom Glück net gleichmacha: d Sproch. Es wird weiter so sei: Wenn oiner an de na'rompelt en

Wien, wird 'r saga: Pardon, gnä Frau; en dr Schweiz: Exküsi Weibi; en Italien: Scusi Signora; en England: Sorry, Madam. Ond wenn oiner secht: »Hoppla Frailein!« woisch, daß d wieder dahoim bisch em Schwäbischa.

Nachtwächter her!

Was isch a feiner Mensch? – A feiner Mensch isch oiner, wo a'ständig isch, au wenns koiner sieht, oiner, wo sein Abfall net hälenga en d' Gegend schmeißt, em Wald abladet oder neba dr Audobah.

Dia, wo des machet, sollet jetz arg g'stroft werda. De'sch nödig, weil d' Leit von selber selda guet sen, eher sündig, ond bloß folget, wenns aufkomma ond deier werda könnt.

Aber verwischa mueß ma's halt. Do ghört oifach meh Aufsicht her ond möglichscht au Nachtwächter, wia ma's friher ghett hot. Dia sollet, wenn Sperrmüll gholt wird, gucka, daß koiner sein Gruscht em andra naufhängt. Was moinsch, wia dr Alois sich g'ärgert hot beim letschta Sperrmülltermin! Dem hen se en dr Nacht an alda Kenderwaga ond an ganz verdrialta Küche herd vor d' Ei'fahrt gstellt. Sei Frau hot gschempft: »Schäma mueß ma sich! So ebbes dreckets! I wenn an Herd nausstell, den butz i doch vorher!«

's erscht, was 'r gsagt hot: »Au Klasse, jetz hot dr Opa an Fahrstuehl!«

»De'sch koi Fahrstuhl«, hot d'Oma gsagt, Fahrstühl gibts in de Warehäuser ond in Hochhäuser von oim Stockwerk ins andre.«

Drauf dr Bue: »No isch des meh a Rollstuehl?«

D'Oma: »Noi, a Rollstuhl hot größere Räder. Des, was dr Opa hot, isch a fahrbarer Nachtstuhl.«

»Aber«, hot dr Bue gsagt, »der fährt au bei Dag, gell!«

»Freile.«

»Ond was isch des Deng onterm Sitz? Isch do dr Modor dren?«

»Noi«, hot d'Oma gsagt. »Des isch a Häfele zom Rolle neimacha, woisch, wemma net aufs Klo kann.«

»Aha«, hot dr Bue gmoint, »no isch *doch* a Rollstuhl.«

Was sen Leggings?

Dauernd muesch fremde Wörtr lerna, ond jeda Woch kommet neie drzue, iberhaupt en dr Mode. Dr Bue kriagt Snǫwboots, des sen Schneestiefel, 's Mädle möcht a Longshirt, auf deitsch a langs Hemad, ond an Pulli aus Lambswool, ond Leggings braucht se au.

Was sen eigentlich Leggings? hot d Oma gfrogt, ma hört emmer drvo, au en dr Zeidong sen se neilich globt wora, weil se net bloß schick, sondern au praktisch seiet.

Also Leggings, hots ghoißa, sen dicke Strompfhosa ohne Fiaß. Oder lange, enge Hosa zom Schlupfa, ohne Reißverschluß vorna.

De'sch guet, hot d Oma gmoint. Jetz ka's sei, se kauft sich au so Denger, weniger wega dr Mode, eher weil se dia warme superlange Schlipfer von friher arg vermißt. De reinschte Knickerbocker sen des gwesa. Ma hot se au Liebestöter ghoißa. Dia gibts jetz nemme. Es gibt wohl neierdengs Slipper, aber des sen koine Schlipfer. Slipper sen Schlabbr. – Wenn vor lauter neie fremde Wörtr no woisch, was a Schlabbr isch.

Dr Funkwecker

Weil bei dr Oma ihrem alda Wecker a kloins Stiftle abbrocha isch, wo ma nemme kriagt, ka se den Weckmechanismus net abstella ond mueß jeden Dag zwoimol d'Zoiger verstella, sonsch däds emmer om halb siebene, morgens ond obends, a viertel Stond brrrr macha.

Ihre Jonge hen des nemme mit a'gucka könna ond hen dr Oma an Funkwecker brocht. Für sie isch des ein unbegreifliches High-tech-Wonder. Ha so ebbes! Des weckt sanft, gar net schrill, ond isch still, wemmas will, zoigt d'Zeit a, hoorgenau auf d'Sekond, ond per Knopfdruck au 's Datom ond was mr für an Wochedag hen. Ond des käm älles per Funk durch d' Luft von Frankfurt en des kloine Deng nei, wo bloß so groß isch wia a Schligger-Oi (Enten-Ei)! Ond bei dr Omstellong von dr Sommer- auf d'Winterzeit schaltet sichs automatisch om. Ond sowas O'glaublichs von Fortschritt koschtet bloß Sechzehmarkneinzig! (halt beim Aldi). Do isch doch koi Wonder, moint d'Oma, daß do d'Uhremacher nemme mitkommet ond viele ihren Lada halt zuemachet.

Jetz isch bloß so: Trotz dem Funkwecker machts bei dr Oma no manchmol brrrrr, ond des wird no a Weile so ganga, weil, secht se, se ka des Glomp no net wegschmeißa, d'Battrie sei doch no net leer!

Von dr Klara

Se isch A'fang siebzig. Se liest d'Zeidong von henda. Wer gstorba isch ond wia alt. Ond d'Leserbriaf liest se au, wenn se net z'lang sen, ond se guckt auf d'Bilder, wo se bei de Verei gmacht hen, ob se ebber kennt.

D'Standesamtsmeldonga liest se au. Geburta ond Eheschließonga. Ond no fangt se a zom zähla: von femfazwanzg Kender hen elf an ausländischa Nama ond vier koin Vaadr, ond von achzeh Päärla, wo sich hen traua lossa, hen zwölf scho vorher de gleich Adress! Des hätts zu onsrer Zeit net geba, ka se saga.

Neilich isch se bei'ra bsondera Hochzeit gwesa; dia war nemlich erschtens ekumenisch, weil sia isch evangelisch ond er katholisch, zwoitens war's ekonomisch, weil boide von dr Landwirtschaft sen, ond drittens wars au no ekologisch, weil ma omweltfreindlich mit Pferdeschesa en d'Kirch gfahra isch. Also bei dene zwoi, hot se gmoint, do isch scho ebbes auf oin Haufa komma, ond so a Eh, dia hebt eher, au wenn d'Liab amol vergoht, s'Sach hebts zamma.

D'Braut, ganz en Weiß nadierlich, obwohl ... häb obarom net viel a'ghett, onda scho. Also ihr häbs net gfalla, so arg ausgschnitta. So liftig hättets friher net en d Kirch därft. Aber dia miaßet ja froh sei, wenns iberhaupt no kommet.

Der jonge Ma häb'ra a weng loid do. O je, häb se denkt, weil – d'Braut hot an Schonkaffee tronka, no woisch ja scho älles!

Abspecka sollsch

So, de'sch guet, daß se wieder a Abspeckkur brenget en dr Zeidong, hot dr Alois gsagt. Do mach i fei mit! Es hen sich wieder allerhand o'nötige Bölschterla a'gsetzt. Dia miaßet weg! Er woiß genau, er sott net schlecka ond duets halt doch: Er isch a Siaßer.

Wenn er äls an Schoklad kauft, no versteckt er'n, daß'r net en Versuechong kommt. Ond manchmol verstekt er'n so guet, daß er'n selber nemme fendet. Isch neilich 's Bärbele komma ond hot bettelt: Opa, kriag i a Schoklädle? Hot dr Alois gsagt: I däd dr scho ois geba, aber i woiß net, wo's isch! No hots Bärbele gsagt: Komm, i zoig drs!

Des isch doch gsponna!

Am Samsdag hot d Zeidongsbox wieder Verstopfong ghett; a ganz Kilo Babier, ’s moischte net bstellt ond net gwöllt. Werbong massaweis! Jeda Woch, ond emmer wieder ’s gleiche! Aber des däd no ärger komma, hen se gsagt, em Radio, em Fernseha, auf ’m Babier, ond stopft dr sei Zeigs nei, obs willsch oder net: en d Ohra, en d Auga, en Briafkaschta.

Iberhaupt isch Verstopfong an dr Tagesordnong, ond miaßt net emmer sei, zom Beispiel em Verkehr. Aber d Leit sen z’bled. Manche fahret en Urlaub, wisset blos ’s Ziel ond auf welcher Audobah ma na’kommt. Sonsch hen se koi Ahnong von dr Geografie. Es hen halt viele meh Geld als Bildong. »Näxscht Woch om dia Zeit schwemm i em Mittelmeer!« hot a jonga Verkäuferin zom Alois gsagt, »i fliag nämlich noch Madeira!«

»De’sch aber a Insel em Atlantik!« hot dr Alois gmoint, »net em Mittelmeer!«

»Ach so!« hot se gsagt, »no hab i’s em Reisebüro mit Mallorca verwechslt. Isch egal, i frai mi oineweg!«

Gar nemme schee

Gar nemme schee isch, was en de Nochrichta kommt, ob en dr Zeidong, em Radio oder em Fernseha, bei ons oder sonschtwo, iberhaupt en dr Bolidig. Nex wia Gezerf ond Händl: Dr oi fordert ond dr andere warnt, ond nirgends langts Geld. Ond wenn oi so a Gscheidle heit moint, es goht bald wieder aufwärts, schreit morga a anderer: nex do, no lang net! Drbei hen boide 's gleiche studiert! Bsonders vor de Wahle ond wenns kriselt, rennet se rom ond nom, kopflos wia d'Henna friher em Dorf, wenn a Auto durchgfahra isch; mit Gezeter isch äls so a verschaichts Vieh halb iber d' Stroß gfußelt ond zrick ond nomol niber - ond de'sch no oft zletschtmol gwesa. Oh, hot neilich oiner gsagt, i lies gar nemme den Soms, wo se dromrom machet, des könntsch en oim Satz saga, jeden Dag: »Alle hebet ond koiner loßt fahra!«

Grüß-Gott-Wegle

En Kocha gibts a Grüß-Gott-Wegle, hoch am Berg nom, wo friher amol 's Härtsfeldbähle gfahra isch. Zom drauf laufa kommet d'Leit fei bis von Hoidna (Heidenheim). So ebbes isch beliebt ond schwätzt sich rom, so a Weg bloß für Fueßgänger, au guet zom Kinderwägele schiaba ond 's Hondle saua ond pinkla lossa, draußa en dr Nadur mit scheener Aussicht. Do grüeßet sich oft Leit, au wenn se sich net kennet. Oifach so. Ond dia, wo sich kennet, dia könnet standableiba zom a Schwätzle. Ond wenns au dauert, des macht nex, se krieget drbei höchschtens amol kalde Fiaß em Wender, aber koi höhera Rechnong von dr Telekom. Dia hot nex drvo, weil so a Schwätzle ohne Schnur und ohne Händy isch emmer no gebührenfrei. Drom ka's net gnueg sotte Grüß-Gott-Wegla geba!

Wenn's blitzt

Wo bei dem Mädle dr Onterrock vorguckt hot, hot d'Oma gsagt: Bei dir blitzts. Hot des Miädle gsagt: Des macht nex, woisch, des isch sexy.

Bei mir hots neilich au wieder blitzt, aber anders. Vom Starakaschta glei hinterm Ortsschild.

Des wird – so schätz i – wieder om de siebzig Mark koschta. Es hot halt bressiert. Hab i mi g'ärgert! Aber es gschieht oim recht, ond d'Stadt kriagt was ins Kässle, dia ka's braucha. Dia ond dr Staat profitieret ganz schee von ons sündige Bürger. Stell dr vor, mir dädet älle auf oin Schlag brav werda! Wenn d'Leit nemme süffla ond schnäpsla ond d'Raucher nemme raucha ond d'Audofahrer weniger ond langsamer fahra dädet, des gäb ja noo meh Milliarda-Löcher beim Finanzminischter, ond älle müeßtets büeßa mit höherer Mehrwertsteuer.

Also muesch blecha, so oder so, ob brav bisch oder net ...

Was isch echt?

D'Margret sammelt alde Sacha, Spielzeig, Puppa, Gschirr, Möbel. Se hot scho an Haufa beinander ond kriagt doch net gnueg. Emmer wieder schloifts was drher vom a Flohmarkt ond frait sich iber jeden gueta Fang, wo se macht. Dia sieht scho, was an Wert hot, au wenns ramboniert isch ond wemma's flicka ond butza mueß. Dia sieht scho, was no a hausgmachta Lei'wand isch. Do däd manch oiner oin ibers Ohr haua wölla ond a billigs Fabrikzeigs auf ald herrichta ond Wurmlöcher ens Holz bohra. Wenn 'r oiner a alds Nachtkäschtle a'dreha will, no macht se bloß s'Dierle auf ond schniffelt drenei, ond erscht, wenn's des soichelige Podschambergschmäckle hot, des hält sich nemlich Johrzehnte, no woiß se ganz gwieß: De'sch echt.

Köpfchen

Am audofreia Sonndag sen's wieder amol en d Kirch, z' Fueß nadierlich. An Pfingschta isch ma jo wega »Abwesenheit« net drzue komma, obwohl ma da Heiliga Geischt guet brauche könnt.

D' Oma, oina von dene baar »Zrückbliebene«, hot gsagt, se häb sich schier gschämt vor em Pfarrer wege dene viele leere Bänk; d' Orgel sei z' laut gwesa ond d' Predigt z' leis. So isch se net recht zfrieda gwesa, au net mit sich selber. Se häb koi rechta Sammlong ghett.

Vielleicht goht's ons z' guet, häb se denkt. Vorna sei a mollige Frau gsessa, wo am Rock henta dr Reißverschluß offa gwesa isch, do häb se emmer drauf gucka miaßa, so was bleds! Ond beim jonga Schmied häb se denkt, der kriagt au scho langsam a Glatze, wia ald isch jetz der? Ha, fufzg mueß der bald sei. Ond no häb se grechnet ...

Mitsenga hot se net könna, lauter neie Liader aus ma Heftle. Ond se hot ihr Brill vergessa ghett. Bloß 's Opfergeld, d' Schlüssel, 's Taschetuech ond ’s Küchemesserle hot se en ihrer Handtasch ghett.

»Ja, warom ’s Küchemesser?« hot dr Alois gfrogt. »Hosch Angscht, wirsch überfalla?«

»Ha noi«, hot d’ Oma gsagt, »des spart mr an Weg. Hoimzue, wenn i durch da Garta raufgang, schneid i glei da Schnittlauch ab für d Flädlesupp! Woisch, was ma en de Fiaß nemme hot, mueß ma em Kopf han!«

Glernt isch glernt

Doblers Klara isch Witwe ond hot ihrer Lebdag im Städtle gwohnt. Obwohl se koi großa Rente hot, isch es meh, als se braucht ond sich je amol hot träuma lassa. Drom trauert se au de alde ond magre Zeita net noch, wo sich Leut wia sia arg hen ploga ond schinda miaßa, ond dr Fortschritt isch'r scho recht, zom Beispiel, daß es a Fueßbodaheizong in dr Kirch gibt ond daß ma im Winter dort koine Froschtbeula meh an d Fiaß kriagt.

Aber andrerseits hot se am Neua au manches aus'z'setza: »Hano, ma wird doch no maula därfa!«

Erscht no gar net so lang. Des war obends, do isch se no auf da Friedhof ganga zom Giaßa. Wia se am alda Schuelhaus vorbeikommt, standet auf'm Gehweg, wia so oft, a Dutzend Moped ond Motorräder ond jongs Volk hockt an dr Hauswand ond auf dr Ei'gangstrepp. A Kofferradio hen se drbei, aus dem schepperts ond jaults ganz fürchtig. A baar zottelhoorige Mädla sen au drbei ond strecket ihre ausgfranste Hoseboiner o'scheniert in d Gegend, daß ma an Boga macha mueß.

»Des soll Musik sei! Schad om d'Battrie!« secht se zom Bihlmaiers Schorsch, 'm Ortsbaumeischtr, wo ihr grad verkommt. »Mei Liaber«, secht se, »so a Muschter wenn mir ghöra däd, dera däd i 's Zigarettle aus dr a'gschmierta Gosch schlaga, daß bloß so bätscht!«

Dr Bihlmaier drauf, ja des sei halt au a Stück Wohlstand ond neia Freiheit, ond schlaga, schlaga duet ma nemme, des war amol, allefalls schwätza miaß ma halt mit de Jonge!

»So«, hot d Klara gmoint, »no isch friher älles falsch gwesa, wia ma's do gmacht hot? I mit meine femf Bueba domols, frech, gsond ond gfräß, ond dr Vaadr im Kriag! Dia wenn net g'spurt hen, dia hen halt ois gfangt. – Wo wär i denn na'komma! – Isch aber aus älle was wora!«

Dr Bihlmaiers Schorsch hot glacht: »Wer woiß, ob net no viel meh aus'na wora wär, ohne Schläg!«

Drei Dag später hot 'r nemme glacht. Käsweis sieht'n d Doblers Klara in dr Sparkass an dr Wand loina, wia se nei'kommt. Do isch nemlich grad a Banküberfall im Gang gwesa. Ond weil d

Klara dem oina Raiber, wo ihr an Revolver oder halt so a Deng vor d Bruscht hält ond »Hände hoch!« zischt, weil se dem blitzschnell a so a Ohrfeig gibt, daß der drauskommt, d Nerva verliert, sei Pischtol wegschmeißt ond mitsamt seim Kollega, wo grad am Geldei'sacka isch, nausstürmt ond flüchtet, während d Sirene heult, ond boide Kerle bald drauf gschnappt weret, jonge Bürschla, wo scho meh so Dinger dreht hen, ohne daß ma's bisher verwischt hot, jetz wird auf oimol d'Klara zur »Heldin des Tages«, au nochdem sich rausgstellt hot, daß der Revolver bloß a Schreckschußpischtol war.

Von dr Sparkass kriagt se Bluema ond an Scheck, in dr Zeidong stoht se, Reporter kommet von weither ond wöllet se fotografiera ond ausfroga. »Machet dia a Gschiiß!« secht d Klara. »Hoffentlich treibets bald a andra Sau durchs Dorf!«

Ond wia dr Ortsbaumeischtr, dr Bihlmeiers Schorsch, sich bei ihr extra bedankt ond sagt, er bewondert se, wia se so »schlagfertig« gwesa sei, moint se bloß: »Ja guck, glernt isch glernt!«

Oh, der PC!

Dr Alois hot sich auf seine alde Dag no an Computer kauft, ond es reit'n scho schiergar. Er plogt sich arg mit dem Deng ond zweifelt, ob er's je kabiert. Neidisch guckt'r seine Enkl zue, wia dia mit so Abberat ganz selbverschtändlich omganget. Des pack i nemme, moint'r manchmol, ond manchmol hofft'r ond denkt an dia Zeit, wo'r da Führerschei gmacht ghett hot ond zom erschtamol ohne Fahrlehrer em oigena Wägele vor ra rota Ampl gstanda isch mit schnellem Puls ond feuchte Fenger. Es wird doch klappa mit Kupplong, Gas ond Handbrems! So viel auf oimol macha miaßa ond fascht gleichzeitig mit Händ ond Fiaß! – Nebadra links war a jonga Frau ema Audo, de oi Hand am Steuer ond en dr andra an Apfel ond hot seelaruhig drvo ronderbissa. Mit einer Gelassenheit, daß'r ganz kloi worda isch ond denkt hot, des schaff i nia! – Ond heut, noch viele Johr, ka'r au so audofahra ganz audomadisch. Ond er könnt sogar au nebaher vom a Apfel ronderbeißa, bloß jetz dean seine dritte Zäh nemme mit.

Kloinere Bredla

Jetz, wo's knapp wird an älle Ecka ond Enda, jetz miaßet se kloinere Bredla backa iberall: en de Parteia, en dr Bolidik, en de Ämter, en Bonn, en de Länder ond en de Gmoinda. Ond privat au. Doilweis. Kloinere Bredla, des hoißt, so guete wia vorher, bloß meh Stück vom gleicha Batza Doig.

Ond wemma's richtig macht, no gibts von dene meh kloinere Bredla au Bredla für dia, wo iberhaupt koine Bredla backa könnet. Ibrigens, kloinere Bredla, dia hen au ihr Guets: net bloß, daß se weniger Kaloria hen, du brauchsch net lang ronderbeißa, dia schiabsch nei en Schnabel, ruck-zuck, ond bröselsch net en Bolschtermöbel nei ond auf da Teppich.

Ond außerdem: Klein aber fein mag i's liaber wia Bolla ond gschwolla.

Aufreima

I gruschtel jetzt oft,
möcht nausschmeißa,
aufreima,
daß net so viel bleibt:
Briaf ond Bilder ond Büecher,
viel druckts
ond gschriebens Babier,
wo koin meh intressiert
noch mir ...
Ond vor i's nausbeig,
guck i's a
ond lies me drenei,
ond statt daß i's pack,
packts mi,
ond no laß i's oft sei
ond packs wieder ei.

Viel z'viel

Viel z'viel hot ma, wo ma eigentlich gar net briicht (brauchen täte), des merkt ma erscht, wemma ausreima mueß, weil dr Moler kommt, oder weil ma omzieha mueß oder gar wemma stirbt.

Des hoißt, wemma stirbt, merkt ma's selber nemme, bloß d'Erba. Ond dia? Dia wöllet des alde Sach net.

Büecher hen se selber gnueg, de oinzige, wo se intressieret, sen d' Sparbüecher. Net amol oms Silberbschdeck reißet se sich, des miaß ma dauernd butza. Heit hot ma meh Edelstahl. 's Goldrandgschirr für zwelf Persona samt Kaffeeservice, wo ma bloß benitzt hot für Familienfeschter: Dauf, Geburtsdag, Jubiläum, des wöllet se net, weils net spüelmaschinafescht sei. Ond dia Beiga von weißer Bettwäsch, doils mit Monogramm ond Lochstickerei, wo emmer no guet ond schee isch, weils halt was rechts isch: feins Leine ond Damascht, des könnets au net braucha, des macht soviel Gschäft, se hens liaber bont ond bügelfrei.

Do schonsch dei Sach a Leba lang, beigsch rom, staubsch ab, boliersch, hebsch auf, ond nochher landets em Sperrmüll-Container oder auf ’m Flohmarkt, ond du hosch emmer gmoint, wonder was dei Zeigs wert isch!

Älles wird guet,
ond wenns erscht beim letschta Schnabbr isch.

Spara

Spara mueß ma, iberall, oder fascht. Ond weh dem, wo's net glernt hot! Da Alois hab i gfrogt: Spürsch au, daß knapper wird? – Freile, hot 'r gsagt, guck, i brauch neie Zeh (Zähne); dia koschtet so viel wia a automatisch Garaschedor ... des sott i au ois han. Vor a baar Johr, hätt i mir boides laischta könna, gleichzeitig. Ond jetz hoißts: entweder – oder. Oder henteranandr. Ha, so oiner ka oim scho loid do, gell!

Spara miaßet se jetz au auf de Rothäuser, weil de magre Johr a'brocha sen. Do sollet se bei dr Stadt no froh sei über älles, wo se no a'gschafft hen, bevor's ganz eng wird. Jetz isch aus mit'm Ausdoila ond Nausschmeißa. Ond an jedem Zipfl, wo se was abzwacket, jault oiner auf ond joomert: »Doch et ausgrechnet bei mir!«

Aber 's hilft älles nix. »Ei'doila, eidoila mueß ma!« hot emmer seller Schultes gsagt, »wia mei Frau; dia ka für femf Persona Spätzla macha – mit oim Oi!«

Vom »Däda«

Was dädet mir Schwoba, wemmr des Wort »däda« net hättet? Je noch Bedarf: däd, dädsch, dädet'r, dädet Se.

Net bloß, daß d'Frau, wenn se ihren Ma im Haushalt ei'spanna will, liaber sagt: Dädsch mr d' Wäsch naustraga zom Aufhänga, dädsch mr helfa Äpfel schäla ... statt oifach: Gang auf d' Poscht, due sell, hol mr des!

Es isch au, daß ma sich manches O'a'gnehme erspart, zom Beischbiel an Korb.

»Was dädesch du saga, wenn i di froga däd, ob du mi heiroda dädsch?« Wenn se sagt: »I däd fei net ja saga«, no woiß 'r Bescheid ond hot doch koin Korb kriagt, weil, er hot se jo net direkt gfrogt.

Aber de'sch nadierlich koi guets Beischbiel, oder mindeschtens veraldet. De jonge Leit machet, hab i ghört, koine Heiratsa'träg meh. Se dean sich zamma ond probierets, ond wenn's klappt, isch guet ond wenn net, no goht ma wieder ausanandr, mit a baar blaue Flecka auf dr Seel, aber ohne Korb ond ohne Dädsch.

Freile, im sogenannta richtiga Deutsch ka ma saga: »Würdest du bitte …?« Aber des isch ja direkt steif, stärrig ond g'stelzt gega onserm »Dädsch«! Dädsch isch alloi scho sowas wia a verbale Streicheleinheit, däd i saga.

Tschüßle

Mir hens fei scho gschickt mit onserm Schwäbischa: Wo andre zwoi, drei ond meh Wörter brauchet, schaffet mir des mit oim. Statt »Bunt werden schon die Wälder« oifach: »Es herbschtelet«. Statt »Es riecht nach ranzigem Fett« schmergelts bei ons, ond wenn oiner secht: Es bockelet, es meichelet, es brenzelet, es soichelet, woiß jeder glei, was los isch.

Schad isch bloß, daß emmer meh alde schwäbische Brocka wegbröselet ond wenig Neis drzuekommt. Au woiß i net, warom de Jonge statt »ade« jetzt emmer »tschüß« saga miaßet. Aber no fraits oin au wieder, wenn se äls saget »tschüßle«. Onser »-le«, des macht so viele Sacha schwäbisch-liab, au den fremda Grueß. Des isch no wia wenn a Spitzbudelschnauzer a Dackelschwänzle hot ond freindlich-vergniagt drmit waggelt.

Tschüßle! Guck, so könnet fremde Brocka bei ons oifach verschwabuliert werda!

Fernweh

Wohl secht ma sich, brauchsch net verraisa,
brauchsch net noch Pisa ond noch Rom,
ha isch vielleicht dei Ulmer Münschter
net grad so schee wia selt dr Dom?

Was brauchsch denn du noch Capri fahra,
Spaghetti wickla Dag für Dag?
Du magsch doch liaber selberg'machte
goldgelbe Spätzla, so an Schlag!

Dei Schwobaland, du kennsch no z'wenig,
so zwischa Necker, Kocher, Brenz,
mit Konscht grad gnueg en alde Kircha,
do brauchsch du gar et noch Florenz!

Ond doch, es packt de emmer wieder
a Wandertrieb, a Reiseluscht,
no machsch de auf mit Kend ond Kegel
em Juni oder em Auguscht

ond fährsch mit deine Siebasacha
noch Südtirol ond noch Trient,
an Gardasee ond noch Venedig,
wo scho an Haufa Schwoba send.

Doch grad so gern, wia d'fährsch en d'Fremde,
kommsch wieder zrick, ha, isch et wohr?
»Dahoim«, sechsch no, »isch doch am
    schenschta!«
Desch 's gleiche Liadle jedes Johr!

O der Schubart!

Aalen oder Oola hoißt sich au Schubartstadt. Do gibts a Schubarthaus, a Schubartdenkmal, a Schubartmuseum, a Schubartgymnasium ond Schubartla aus Schoklad, ond an Schubartpreis hen se au gstiftet. Ond bei jeder Gelegaheit wird der Ober-Ober-Dichter, -Musikus, -Motzer, -Schreiber, -Chronischt ond -Rebell als Alt-Oolemer Renommier-Schenie arg rausghängt. Nex dagega – a Mordskerle mueß r scho gwesa sei, ond frech gega d'Obrichkeit, wo's no gfährlich gwesa isch, net wia heit!

Bloß, i denk meh an sei Frau, an d'Helena, von der schwätzt koiner; was dia durchgmacht hot mit so'ma Saufaus, so'ma Schirzajäger, wo dauernd nebanaus ganga isch am liadriga Hof von Ludwigsburg ond au anderswo. Net omsonsch ischs em amol abghaua mitsamt de Kendr ond hoim zu ihre Leit ond hot en sitza lossa! Bue, do häb'r gheult ond gjoomert – oder wenigschtens so do! Zwoi Kendr von femf hots durchbrocht ond nochher de moischt Zeit alloi aufziaga därfa, ond oinaweg, wo's em ganz dreckich ganga isch, dem Saubär, ond wo'r ei'glocht gwesa isch auf'm Aschberg, häbs zu em ghalta ond häb beim Herzog fir en bettelt, ond zletscht häbs en no han därfa fir sich, a henigs Mannsbild, a auszuzzelts. Ond ibern Schellakönig häb'rs zmol globt, sei »urteutsches Hausweib«!

O der Schubart, bei äller Berihmtheit, verheirotet hätt i mit dem net sei möga, aber der wahrscheinlich au net mir mir.

Koine Viertela meh?

Was sich do fir a O'sitte ei'gschlicha hot ond broit macht en dr Gaschtronomie, daß ma en manche »bessere Häuser« koine Viertela meh kriagt, bloß no null Komma zwoi Liter, egal ob rot oder weiß oder samdig oder trocka!

Ond wenn d'noch de Preis gucksch, dia sen deswega net ronderganga, eher nauf. Ond wenn d' bloß a Achtale bschtellsch, wegem Hoimfahra, no kriegsch wahrscheinlich a Zehntala, oder was? Ha, wenn des koi hälenger Bschiiß isch!

Ond iberhaupt: Zu de Wirtaberger ghert doch ihr Viertale, oder wöllet dia ons oifach so hendarom ond ohne daß mrs richdig merket zu lauter Femftales-Schlozer macha?

Sprüch

Ma ka de Schwoba ällerloi nochsaga, aber des isch gwieß: Domm sen se net. Des sieht ma an ihre Sprüch, wo se hen.

Stoht do auf'ra Dafl ama Wei'bergmäuerle: Zu dritt schaffa, zu zwoit schlofa, alloi erba.

Ond en'ra Wirtschtub isch auf a Wand gschrieba: D' Schönheit vergoht, d' Liab vergißt ma, jetz was frißt ma?

Ond dronter hängt d'Speiskart.

Suecha ond finda

Manchmol suecht ma ebbes ewig ond suecht ond findet's net ond ärgert sich ond frogt sich: Bisch du so a Schlamber? – De'sch wia bei de Oichhörnla. Dia suechet ihre vergrabene Nüss omsonscht, weil se moischtens nemme wisset, wo se's versteckelt hen. Manchmol fendesch was, obwohl d'gar nex gsuecht hosch. Wia dr Goethe: »... und nichts zu suchen, das war mein Sinn ...« ond hot was gfonda fürs ganz Leba, nämlich endlich 's richtige Weib.

Ond manchmol fendesch zuefällig ebbes, wo lang scho vergessa ghet hosch: da erschta Liebesbriaf, wo kriagt hosch en dr früehschte Jugendzeit: »... Ich hoffe, du kommst wieder in der nächsten Fakanz. Es grüßt und küßt dich dein dich liebender Hans.« In Klammer: »Ich lege ein Bild von mir bei. Leider muß ich die ganze Klasse schicken. Vergiß mich nicht, bitte. Ich bin vorn in der Mitte.« Ha, so »ein Fund« frait oin, isch es net wohr ond duet oim no guet noch ganz viele Johr!

Dauernd was Neu's

D' Oma hot sich aufgregt ond hots dene auf dr Bank aber bsorgt! Dia neua ec-Kart will i net, hot se gsagt, dia brauch i net; wenn i a Geld hol von mei'm Konto, oimol em Monat, des hol i am Schaltr, ond d' Konto-Auszüg dia schicket'r mr gfälligscht mit dr Poscht wia friher. Des däd eich so bassa.

Des Frailein hot gsagt, ha, des sei doch so gschickt, i briicht bloß des Kärtle en den Schlitz neistecka von dem Abberad, ond des sei billiger ond bequemer.

Ja, fir d Bank vielleicht, aber net fir mi.

I mueß, weil i nemme so weit laufa ond nemme en Omnibus steiga ka, mein Nochber froga, ob'r me mitnemmt, ond an dem Automat mueß'r mr helfa, ond i mueß mei Geheimnommer hersuecha ond därf mei Brill net vergessa han ...

Billiger? Vonwega! Dia ec-Kart koschtet em Johr zeah Mark, ond jetz kassierets glei für drei Johr em voraus, ond i woiß ja gar net, ob i nexscht Johr no leb.

Ällbot gibts was Neu's: a neu's Gsetz, neue Händl, a neue Technik, neue Abberad, neue Scheißlichkeita, neue Moda ond Mödela. Dauernd kommet neue Sacha, ond ma isch mit de alde no net ferdig. Ob des bloß der Oma so goht?

Domols em Moi ...

Domols em Moi vor iber fufzg Johr hots fei, ma sotts net glauba, au no Witz geba ond an Humor, wenn au moischtens an süeß-saura. Zom Beischbiel hens verzehlt: Do isch a Ma vom Land rei en a größers Bekleidungsgschäft komma ond hot sich ausstaffiert, z'erscht mit Onderwäsch.

Hot dr Verkäufer gfrogt: »Habet Se an Bezugschei?«

»Han i, bitte schön.« Ond no hot'r a Oberhemd verlangt.

Dr Verkäufer wieder: »Habet Se an Bezugschei?«

»Han i«, ond hot'n vorglegt.

»Ond jetz brauch i no an A'zug.«

Dr Verkäufer: »Ond do habet Se au an Bezugschei?«

»Hani.«

Verkäufer: »Sia miaßet aber an spendabla Bürgermaischter habe!«

Drauf dr Kunde: »Ben i.«

Äpfel ond Kraut

Des hot d'Oma scho gwißt:
Oin Apfel am Dag,
wenn den oiner ißt
ond Kraut jeda Woch,
an richtiga Schlag,
des macht oin net fett
ond macht oin net arm,
isch gsond firs Gehirn
ond guet fir da Darm.

Übergwicht

I wüßt scho, wia ma helfa könnt,
daß ma des Land ond onsre Städt
ganz schnell aus älle seine Sorge
ond seine Geldnöt hausa hätt:

Wemma für jeds Pfond Übergwicht
von älle Bürger nähm a Steier,
o je, do käm fei viele Leit
ihr Wohlstandsränzle ganz schö deier!

Des wär a prima Schlankheitskur,
bald wäret nemme so viel rond,
ond net bloß d Leit, noi, au dr Staat
wär finanziell schnell wieder gsond.

Nadierlich traut sich so a Gsetz
koi Mensch verkünda vor de Wahla,
weil Übergwicht hens links ond rechts,
ond d Sympathie hört auf beim Zahla!

Spinatwachtel

Ebber hot gfrogt, was a Spinatwachtel isch ond ob ma so a Bezeichnong gerichtlich belanga könnt. – Also was Spinat isch, woiß jeder, ond au daß a Wachtel a Art Feldhuhn isch. Aber Spinatwachtel? Ma könnt drbei an ebbes Guets zom essa denka. Aber noch dem, was em a schwäbischa Wörterbuech stoht, moint ma drmit a domma Gaas (dumme Gans), drzuena oina ohne äußere weibliche Reize. Kurz a Person, weiblich, domm ond au no wiascht, lauter Sacha, wo se nex drfir ka.

Aber onder dene viele Schempfnama für schwäbische Weibsleit von Ackerschnall (leichtsinniges Frauenzimmer), Baatschweib, Bähmull, Beißzang, Bißgurk, Dagblättle, Dorfbritsch, Dromsel, Giftnudel, Grattelhuebere, Habergoiß, Huddel, Lompamensch, Saumensch, Schachtel (ald), Schendmähr, Schlamp, Schlutt, Schwätzkätter, Traatschkattl, Trampl bis Zwiderwurz isch »Spinatwachtel« eher guetartig, harmlos ond net strofbar, däd i moina.

Hamballe

Schempfnama fir Mannsleit gibts grad so viel wia fir d'Weiber oder no meh: Allmachtsdackl, Bachl, Breaselesglauber, Bruddler, Dibbl, Droddl, Dromsler, Entaklemmer, Erdafetz, Feager, Fetzaberger, Glufamichl, Granatadackl, Haderlomp, Hagabiachener, Halbdackl, Huetsempl, Kloob, Knarfel*, Lahmarsch, Lohle, Loimsiadr, Lompaseggl, Lugabeitl, Saudackl, Schleimscheißr, Schlorber, Schmalger, Sempl, Soifasiadr, Sprichbeitl, Trialer, Woidag ond so weiter ond so weiter.

* Ebbes Knorfligs ond Zähs isch a Knarfel ond kommt en boide Gschlechter vor.

Aufgschnappt im Omnibus

De oi *(om de vierzig):* Jetzt hen'r ja bald Golden Hochzeit. Mei, fufzg Johr verheirotet! Wia isch no des?

De ander *(iber siebzig):* Ha, scho lang.
Viel Arbet ghett ond arg spara miaßa. Onser erschts Wohnzemmerbüffe hemmer auf Abzahlong kauft.
Femf Kender en elf Johr. Noch acht Johr Pause, ond wo mr scho gmoint hen, jetz sei gnueg Hai honda, isch no dr Nochziegler no komma, dr Theo.

De oi: Aber jetz hen'rs gschafft. Isch aus älle was worda, ond a saubers Häusle hen'r ond jeds Johr da erschta Preis für da schönschta Vorgarta.

De ander: Nemme lang. Han doch so Malär mit meine Knia. Nonderknia könnt i scho, aber en d'Höh komm i schlecht.

De oi: Ond dei Ma ka au nex me do, gell!

De ander: A wa! Seit'r dia Schlägla ghett hot, hangt'r halt rom. Ond hangt arg an mir. So wia jetz isch der no nia an mir ghangt!

De oi: Ma mueß sich fei wondra, wia du des älles schaffsch.

De ander: Woisch, mitanander goht älles, älles mögliche ond o'mögliche. Ond ohne möga goht nex.

Fortschritt

I lies d Zeitong von henta. Ob ebber gstorba isch, wo i zur Leich mueß, ond wia dia Superläda anander ronderdean mit ihre Sonderagebot. So viel Großmärkt, wo mr jetz hen, dia ka'sch an oiner Hand nemme aufzähla! Ond älle machet a Gschäft. Do frogsch de: Wia hemmer denn vorher glebt? Ha, mir sen aber au rückständig gwesa! Mir hen doch dia verrollte Windla no jeden Dag gwäscha von Hand ond aufghängt! Heit wirft ma's fort. Alloi für dia Babierwindelhösla, saget se, goht jeden Monat 's ganz Kendergeld drauf. Do hen's d'Fraua friher guet ghett. Dia hen 's Kendergeld net so nausschmeißa miaßa. Dia hen gar kois kriagt.

Bleib em Land!

Ma soll wieder meh Urlaub em oigena Land macha, hoißts, do spart ma Zeit, Geld ond Nerva, ond es häb au sonsch no Vordoil, ma schwätzt deutsch.

Des hoißt, so oifach isch mit dr Verständigong au net emmer; erscht neilich hot a Gascht von dr Hamburger Gegend sich mit'm Filius von sei'm hiesiga Wirt onderhalta, aber manches net verstanda; omkehrt hots besser klappt. – Isch ja klar, wenn der Bue verzehlt, ebber häb em hälenga sein Luftballo z'arg aufblosa, no häbs'n verschnellt ... daß do so a Norddeutscher net älles mitkriagt. Schließlich hot'r gfrogt: »Wie sprecht ihr denn in der Schule, hochdeutsch oder schwäbisch?« – »Ha«, hot dr Bue gsagt, »ganz normal!«